BEI GRIN MACHT SICH IHR
WISSEN BEZAHLT

- Wir veröffentlichen Ihre Hausarbeit,
  Bachelor- und Masterarbeit

- Ihr eigenes eBook und Buch -
  weltweit in allen wichtigen Shops

- Verdienen Sie an jedem Verkauf

Jetzt bei www.GRIN.com hochladen
und kostenlos publizieren

Einführung in die Psychologie. Leib-Seele-Problem, psychologische Experimente, Erforschung psychischer Prozesse

Klaus Ullmann

Bibliografische Information der Deutschen Nationalbibliothek:

Die Deutsche Nationalbibliothek verzeichnet diese Publikation in der Deutschen Nationalbibliografie; detaillierte bibliografische Daten sind im Internet über http://dnb.d-nb.de abrufbar.

ISBN: 9783346743534
Dieses Buch ist auch als E-Book erhältlich.

© GRIN Publishing GmbH
Nymphenburger Straße 86
80636 München

Druck und Bindung: Books on Demand GmbH, Norderstedt Germany
Gedruckt auf säurefreiem Papier aus verantwortungsvollen Quellen

Das Buch bei GRIN: https://www.grin.com/document/1286518

Einsendeaufgabe

Studiengang: B. Sc. Psychologie

Einführung in die Psychologie

Verfasser der Einsendeaufgabe: **Klaus Ullmann**

Datum: 30. 08. 2022

Inhaltsverzeichnis

Abkürzungsverzeichnis

bzw.	beziehungsweise
d. h.	das heißt
S.	Seite
sog.	sogenannt
sog. LSP	sogenanntes Leib-Seele-Problem
vgl.	vergleiche
v. Chr.	Vor Christus
z. B.	zum Beispiel

1. Aufgabe A1

Unterkapitel 1.1 befasst sich mit der Erläuterung des sog. LSPs. Neben einer Beschreibung der ersten philosophischen Erklärungen, werden dualistische- und monistische Betrachtungsweisen erläutert. Den Abschluss bildet eine zusammenfassende Betrachtung.

Im Unterkapitel 1.2 werden die Konsequenzen für die Therapie psychischer Störungen bei einer monistischen bzw. dualistischen Perspektive dargestellt.

1.1 Das sog. Leib-Seele-Problem

Erste philosophische Erklärungen

Das sog. LSP ist die überdauernde philosophische Fragestellung nach der Beziehung zwischen dem belebten Körper (hauptsächlich Gehirn) und der Seele (Geist, Bewusstsein).[1]

In der antiken Epoche verfasste Aristoteles (384-322 v. Chr.) die Schrift De anima (über die Seele), bestehend aus drei Büchern und nähert sich dem sog. LSP mit Fragestellungen.

Ist die Seele ein Einzelding; ist die Seele als Qualität oder als Quantität zu betrachten; ist die Seele teilbar oder unteilbar; müssen Seelen unterschiedlicher Lebewesen jeweils anders definiert werden; kann die Seele eigenständig existieren?

Anhand dieser Fragestellungen definiert Aristoteles die Seele als zielgerichtete Entwicklung und von der Natur vorgegeben. Damit erkennt Aristoteles die Seele als kein eigenständiges Wesen, das unabhängig vom Körper existiert. Seele und Körper sind untrennbar verbunden. Die Seele verhält sich wie das Augenlicht zum Auge.[2]

Platon (428/27-348/47 v. Chr.), der Lehrer von Aristoteles, betrachtete die Seele als immaterielles Lebensprinzip individuell und unsterblich. Die Seele ist vom Körper unabhängig, die Wahrheit ist zweigeteilt.[3] Man kann also Platon als Dualisten und Aristoteles als Monisten bezeichnen.

---

1 Vgl. Hogrefe, Dorsch, Lexikon der Psychologie, 19. Auflage 2020, S. 1055
2 Vgl. De anima II 1, 413a4
3 Vgl. Platon, literarisches Gespräch Phaidon

Dualistische Sichtweisen auf das sog. LSP

Die erste klassische Formulierung des sog. LSPs, der cartesische Dualismus, stammt von Rene Descartes (1596-1650). Rene Descartes war maßgeblicher Begründer des substanzdualistischem Interaktionismus.[4] Im 20. Jahrhundert waren es Karl Popper (1902-1994) und John Carew Eccles (1903-1997), die diese Art des Dualismus vertraten. Die grundlegende Idee besteht darin, dass Geist und Materie verschiedene Substanzen sind und aufeinander einwirken. Karl Popper erweiterte die duale Auffassung mit einer Drei-Welten-Theorie. Diese dritte Welt sind die Produkte des menschlichen Geistes, die unabhängig vom individuellen Bewusstsein existieren und Ursache für Veränderungen in der physikalischen Welt sind. Der Physiker und Mathematiker Roger Penrose (*1931) hat eine Interaktion zwischen Geist und Gehirn durch Quanteneffekte vorgeschlagen. Der Vorschlag wurde jedoch z. B. von Max Tegmark (*1967) mit dem Argument kritisiert, dass Dekohärenz von Quantenzuständen im Sub-Picosekundenbereich zu schnell eintritt, als dass sie für Gehirnfunktionen relevant sein könnten. Der **Okkasionalismus** ist auf den cartesischen Dualismus aufgebaut und versucht das **Influxus-physicus-Problem** (Einfluss des Leibes auf die Seele) durch die Annahme zu lösen, dass ein gelegentlicher Eingriff Gottes stattfindet. Körper und Geist haben keinen kausalen Zusammenhang, zwischen Körper und Geisteszuständen vermittelt Gott. Der von Thomas Henry Huxley (1825-1895) entwickelte **Epiphänomenalismus** kann als eine spezielle Form des Dualismus verstanden werden. Der Grundgedanke des Epiphänomenalismus besagt, dass die Materie auf den immateriellen Geist wirkt, aber nicht umgekehrt. Diese Dualismusform wird heute von wenigen vertreten, als bekannter Fürsprecher gilt Frank Cameron Jackson (*1943).[5] Den **Eigenschaftsdualismus** muss man als Grenzgänger zum Monismus bezeichnen, weil er mit der These verträglich ist, dass alles aus kleinsten physischen Teilchen zusammengesetzt ist. Es gibt also nur ein Objekt, das allerdings aus materiellen und nichtmateriellen Eigenschaften besteht. Ein wichtiger Vertreter des Eigenschaftsdualismus ist David Chalmers (*1966).[6]

---

4 Vgl. René Descartes: Meditationes de prima philosophia. 1641
5 Vgl. Frank Cameron Jackson, Journal of Philosophy 1986, S. 291–295
6 Vgl. David J. Chalmers, The Conscious Mind, Philosophy of Mind

Monistische Sichtweisen auf das sog. LSP

Die monistische Sichtweise des **psychophysischen Parallelismus** reicht vom 17. Jahrhundert bis in die heutige Zeit. Sie beschreibt eine Ereignisparallelität zwischen einem psychischen und physischen Phänomenbereich bzw. erkennenden Bewusstseinsinhalt. Seit Ende des 19. Jahrhunderts spricht man von perspektivischen Phänomenbereichen. Gottfried Wilhelm Leibniz (1646-1716) ersetzt den Begriff Parallelismus durch Harmonie.[7] Diese Abgrenzung zum Parallelismus (später auch Okkasionalismus) begründet Leibniz mit der Vermutung, dass der Begriff Parallelismus eine Hintertür zur dualen Sichtweise der cartesischen Psychologie sein könnte, insbesondere durch die gelegentliche Assistenz Gottes.[8] Sinnbildlich für den psychophysischen Parallelismus ist das Uhrengleichnis von Leibniz 1714, das Leibniz prästabilisierte Harmonie (vorbestimmte Einheit) nannte.[9] Das Uhrengleichnis geht von zwei im exakten Gleichklang befindlichen Uhren aus. Diese Übereinstimmung der beiden Uhrwerke soll zwar einerseits die Begriffsinhalte Körper und Seele voneinander abgrenzen, aber andererseits auch miteinander vergleichbar machen. Das Uhrengleichnis vergleicht den Zusammenhang zwischen Leib und Seele als mechanische Metapher. Carl Gustav Jung (1875-1961) griff das Uhrengleichnis ebenfalls auf. Nach seiner Meinung wollte Leibniz mit diesem Gleichnis auf die akausale Beziehung der in sich geschlossenen unteilbaren Ureinheit, oder der im Organismus liegenden Kraft hinweisen.[10] Im 19. Jahrhundert prägte Gustav Theodor Fechner (1801-1887) den psychophysischen Parallelismus.[11] Fechner präzisiert das Uhrengleichnis dahingehend, dass nicht die Rede von zwei Uhren sein könne, sondern nur von einer einzigen, die aus zwei verschiedenen Perspektiven betrachtet wird. Leibniz und Fechner versuchten auch mittels induktiver Begründungen den psycho-physischen Parallelismus nicht nur auf Menschen und Tiere, sondern auf das gesamte Universum anwendbar zu machen (Panpsychismus).

---

7 Vgl. Die Philosophischen Schriften von Gottfried Wilhelm Leibniz, Bd. 6, S. 620
8 Vgl. Journal des Sçavans. Paris 1696, S. 451–455
9 Vgl. Peter R. Hofstätter, Psychologie, Fischer-Taschenbuch, 1972, S. 2077
10 Vgl. Carl Gustav Jung: Die Dynamik des Unbewußten, Paperback, Sonderausgabe, Band 8, S. 532 ff
11 Vgl. Gustav Theodor Fechner, Die Tagesansicht gegenüber der Nachtansicht, S. 246–252

Hannah Arendt (1906-1975) sah in dem Uhrengleichnis eine offenkundig grundsätzliche Denkweise für ein mechanistisches Weltbild.[12] Eine weitere monistische Sichtweise auf das sog. LSP ist der **Behaviorismus**. Die Behavioristen waren der Meinung, dass ohne Überprüfbarkeit keine Wissenschaft möglich sein kann und beschränkten sich auf die Analyse von Verhaltensweisen. Mentales Innenleben und Introspektion wurden als nicht überprüfbar angesehen. Unterschiedliche Strömungen im Behaviorismus sind der **klassische Behaviorismus**, der **Neobehaviorismus** und der **radikale Behaviorismus**. Der klassische Behaviorismus wurde maßgeblich durch John B. Watson (1878-1958) geprägt. Er vertrat den Standpunkt, dass ein Organismus nur durch auf ihn einwirkende Reize etwas über seine Umwelt in Erfahrung bringen kann. Watson benannte die folgenden Annahmen für seine Psychologie: Organismen (Menschen und Tiere) passen sich durch vererbte und erworbene Mechanismen an ihre Umwelt an; die Anpassung kann adäquat oder weniger adäquat sein, Bezugspunkt ist das Überleben des Individuums; bestimmte Reize der Umwelt führen zu Reaktionen des Organismus; einer vollständig entwickelten Psychologie sollte es möglich sein, bei gegebener Reaktion den auslösenden Reiz, bei gegebenem Reiz die ausgelöste Reaktion vorherzusagen.[13] Ende der 1920er Jahre entwickelte sich der Neobehaviorismus, der einen von außen nicht erkennbaren Stimulus (Black Box) im Organismus zuließ und somit akzeptierte, dass durch innere Prozesse Reaktionen hervorgerufen werden können. Ein wichtiger Begründer des Neobehaviorismus war Clark Leonhard Hull (1884-1952), der für seine experimentellen Studien über das Lernen und für seine Versuche die psychische Theorie mathematisch auszudrücken, bekannt wurde.[14] Anhand von Testreihen mit Futterbelohnungen bei Ratten und einem Gratisartikel nach einer bestimmten Zahl von Einkäufen bei Menschen entstand eine Motivationstheorie (Goal-Gradient-Effekt).[15]

---

12 Vgl. Hannah Arendt, Vita activa oder vom tätigen Leben, S. 290 f, 305, 120
13 Vgl. Watson, J. B. (1913), Psychology as the behaviorist views it, Psychological Review, S. 20, 158-177
14 Vgl. E. Scheerer, Theorien der Psychologie, Band 6, Die Verhaltensanalyse, S. 15
15 Vgl. Hull, C. L. (1932),The Goal Gradient Hypothesis and Maze Learning, Psychological Review, S. 39, 25-43

In den 1950er Jahren wurde der Neobehaviorismus durch den radikalen Behaviorismus abgelöst. Der radikale Behaviorismus, der von Burrhus Frederic Skinner (1904-1990) entwickelt wurde, bildet die wissenschaftstheoretische Grundlage für die Verhaltensanalyse. Akzeptiert wird zwar eine Unterscheidung zwischen angeboren und erworben, spielt aber eine untergeordnete Rolle.[16] Gedanken und Gefühle werden aus der wissenschaftlichen Psychologie nicht ausgeschlossen.[17] Eine forschungsmethodische Neuerung war die sog. Skinner-Box zur quantitativen Erfassung von Reaktionen. Man erkannte, dass ein Verhalten dann häufiger auftritt, wenn ihm ein positiv verstärkendes Ereignis folgt. In den 1950er Jahren formulierten Ullin Thomas Place (1924-2000) und John Carswell Jamieson(1920-2012) die **Identitätstheorie**. Diese klassische Position der Geistesphilosophie entspricht der naturalistischen These, dass mentale Zustände mit neuralen Zuständen identisch sind. Ein mentaler Zustand M ist nicht anderes als ein Gehirnzustand G. Der mentale Wunsch nach Kaffee ist demzufolge die Aktivität bestimmter Nervenzellen in bestimmten Gehirnregionen. Ob sich die Frage nach der Natur mentaler Zustände durch ein materialistisches Weltbild beantworten lässt, versucht der **Funktionalismus** zu beantworten. Er geht auch davon aus, dass selbst immaterielle Systeme als funktional charakterisiert werden können. Ein federführender Entwickler des Funktionalismus war Hilary Whitehall Putnam (1926-2016).[18] Der **anomale Monismus** von Donald Herbert Davidson (1917-2003) ist ein Versuch einen **nichtreduktiven Materialismus** zu formulieren, der bedeutet, dass sich das Mentale nur verändern kann, wenn sich auch das Physische verändert. In diesem Zusammenhang wird auch der Emergenzbegriff verwendet. Ein Phänomen wird als emergent bezeichnet, wenn es auf der Bewusstseinsebene erscheint, jedoch keine Gehirnaktivität auslöst. Bei dieser Betrachtungsweise kann es zu Überschneidungen zum Dualismus kommen. Der **eliminative Materialismus** geht davon aus, dass keine mentalen Zustände existieren, sondern sie wurden von unserer Alltagspsychologie erschaffen. Der Ausgangspunkt ist die These, dass eine Theorie nur dann einen wissenschaftlichen Wert hat, wenn sie sich widerlegen lässt.

---

16 Vgl. The Behavior Analyst. Band 27, Nr. 2, The Association for Behavior Analysis International, 2004, S. 153–169
17 Vgl. Burrhus Frederic Skinner, About behaviorism, 1974, S. 211–212
18 Vgl. Hilary Putnam, Art, Mind and Religion, 1967, S. 37–48

Beispielsweise hat sich die Existenz von Hexen als falsch erwiesen, worauf man dies anerkannte. Auch könnte sich das derzeit expandierende Universum in ferner Zukunft anders verhalten und es müsste entsprechend umgedacht werden.

Zusammenfassende Betrachtung

In Bezug auf die wissenschaftliche Psychologie ist das sog. LSP von besonderer Bedeutung, weil bestimmte Auffassungen direkte auf die psychologische Theoriebildung, Forschungsmethodik und Therapiemethoden Auswirkungen haben. Da Leib und Seele vieldeutig interpretiert werden können, ist eine Begriffsbestimmung sinnvoll. **Leib** sind die physischen (körperlichen) Verhaltensprozesse biologisch-materieller Natur, auch neurophysiologische Gehirntätigkeit und objektiv beobachtbare Verhaltensaktivität mittels Biochemie und Physiologie. Darüber hinaus noch Methoden der Verhaltenswissenschaft und Verhaltensbiologie. **Seele** sind die psychischen (geistigen, mentalen) Prozesse, die durch Körperwahrnehmung (Interozeption) und im subjektiven Fühlen und Erleben (Introspektion) mittels Erlebnis-, Bewusstseins- oder Tiefenpsychologie beschrieben und interpretiert werden. Heute ist man überzeugt, dass offensichtlich eine Wechselwirkung zwischen psychischen und physischen Wahrnehmungen besteht. Hauptaugenmerk ist es, wie man diese unterschiedlichen Ereignisse und Empfindungen erfassen und messen kann.

1.2 Die Konsequenzen für die Therapie psychischer Störungen aus einer dualistischen bzw. monistischen Sichtweise auf das sog. Leib-Seele-Problem

Ausgangspunkte: Obwohl es bei den dualistischen und monistischen Einzelausprägungen zwischen den beiden Sichtweisen keine absolute Trennung gibt, sondern teilweise Überschneidungen auftreten, kann man zusammenfassend feststellen, dass der Dualismus Geist und Körper als getrennte Einheiten betrachtet, hingegen der Monismus von einem in sich geschlossenen System ausgeht.

Die Reichweite kausaler Zusammenhänge in der Psychologie und Psychotherapie betrifft materielle Ereignisse auf der molekularen Ebene, systematisch-biologische Prozesse, subjektive Intentionen und Motive, sowie soziale und kulturelle Prozesse. All dies bildet ein komplexes, verschlungenes Bedingungs- und Ursachengefüge für die Entstehung und Behandlung psychischer Störungen.[19]

Hieraus ergeben sich für die Therapie psychischer Störungen und das Verhältnis zwischen Patient und Arzt/Therapeut die folgenden Konsequenzen:

Eine vom **Dualismus** geprägte Therapie wird sich schwerpunktmäßig schulmedizinisch orientieren. Sie wird sich hauptsächlich mit körperlichen Symptomen befassen und Heilung überwiegend durch Medikamente versuchen. Soziale und psychische Anamnese spielen eher eine untergeordnete Rolle und das Verhältnis zwischen Patient und Arzt/Therapeut beschränkt sich auf sachliche und formale Notwendigkeiten.

Eine vom **Monismus** geprägte Therapie wird sich an einer ganzheitlichen Behandlungsmethode orientieren und die psychosomatischen Faktoren einschließen, d. h. neben der Behandlung der offensichtlichen körperlichen Beschwerden, wird versucht, die Ursachen der Erkrankung zu erkennen und zu behandeln. Diese umfassende Anamnese muss neben genetischen und körperlichen Diagnosen das soziale Umfeld, kulturelle- und ethnische Kriterien berücksichtigen. Das Verhältnis zwischen Patient und Arzt/Therapeut basiert auf Vertrauen und Partnerschaft.

2. Aufgabe A2

Unterkapitel 2.1 befasst sich mit der Frage, warum das Experiment als Königsweg in der psychologischen Forschung zur Gewinnung neuer Erkenntnisse gilt.

Im Unterkapitel 2.2 werden die Vor- und Nachteile psychologischer Experimente im Vergleich mit Feldstudien dargestellt.

---

19 Vgl. Thomas Fuchs, Sektion phänomenologische Psychopathologie und Psychotherapie, Uni Heidelberg, Philosophische Grundlagen der Psychiatrie und ihre Anwendung,Die Psychiatrie 4/2010
© Schattauer GmbH, Seite 23535

2.1 Das Experiment als Königsweg in der psychologischen Forschung zur Gewinnung neuer Erkenntnisse

In einer so breit gefächerten Wissenschaft wie der Psychologie, mit einer Vielzahl in sich verwobener Abhängigkeiten, spielen Ursache und Wirkung (Kausalität) eine wesentliche Rolle. Somit ist es naheliegend, dass eine Methode wie das Experiment in der wissenschaftlichen Psychologie zu einem bevorzugten Anwendungsmittel zur Gewinnung neuer Erkenntnisse geworden ist.

Wilhelm Wundt (1832-1920) gründete 1879 an der Universität Leipzig das erste Institut für experimentelle Psychologie mit einem systematischen Forschungsprogramm. Dieses Programm beinhaltete eine umfassende Wissenschaftskonzeption der Psychologie hinsichtlich Psychophysik der Stimmungsempfindungen, Aufmerksamkeit und Bewusstsein, Psychophysiologie der Emotionen, Neuropsychologie, Sprachpsychologie, Religionspsychologie und Kulturpsychologie. Wilhelm Wundt gilt als Begründer einer eigenständigen Psychologiewissenschaft.

Wilhelm Wundt sah nur in einer experimentell kontrollierten Selbstbeobachtung und in der Aufzeichnung objektiver Reaktionen und physiologischer Veränderungen geeignete Methoden für die experimentelle Psychologie und definierte die grundsätzliche Systematik.[20]

Es gibt vier wesentliche Merkmale für die experimentelle Psychologie:

Beschreibbarkeit der Versuchsbedingungen zur sinnvollen Interpretation und Wiederholbarkeit.

Willkürliche Manipulation von Variablen um Kausalitäten ausfindig zu machen.

Beherrschbarkeit der Störvariablen, die idealerweise ausgeschaltet werden sollten.

Wiederholbarkeit zur Überprüfung der Ergebnisse, Erweiterung des Experiments und einer Überprüfung neuer Fragestellungen.

20 Vgl. Wilhelm Wundt, Über Ausfrageexperimente und über die Methoden zur Psychologie des Denkens, Psychologische Studien, Band 3, 1907, S. 301–360

Die Psychologischen Experimente werden eingeteilt in echte Experimente, quasi Experimente, Laborexperimente und Feldexperimente.

Echte Experimente sind durch eine randomisierte Verteilung der Versuchspersonen auf die Experimental- und die Kontrollgruppe, sowie einer Manipulation der unabhängigen Variablen gekennzeichnet. Die Kontrolle der Störfaktoren wird durch die Randomisierung ermöglicht.[21]

Bei **quasi Experimenten** ist die Beschreibbarkeit zwar gegeben, aber meist sehr komplex. Die Wiederholbarkeit ist nur annäherungsweise möglich, willkürliche Veränderung der unabhängigen Variablen und Kontrolle der Störvariablen sind nicht, oder sehr eingeschränkt vorhanden.[22]

Laborexperimente ermöglichen die weitgehende Kontrolle der Untersuchungssituation und bestimmter Störfaktoren und sie unterliegen den Einflüssen der Reaktivität der Versuchspersonen in der Laborsituation.

Feldexperimente sind zwar stärker durch Störfaktoren beeinträchtigt, wegen der Realitätsnähe können sie aber eine höhere Validität erzielen.

Ein begleitendes Problem bei allen psychologischen Experimenten ist die **Versuchspersonenmotivation**. Es sind in der Regel freiwillige Personen und überwiegend Studierende. Bei einer solchen Ausgangssituation ist eine Generalisierung bzw. eine hohe Validität der Ergebnisse schwierig.

Ein gut erforschtes Gebiet bei psychologischen Experimenten sind die **Versuchsleitereffekte**. Es können z. B. die eigenen Hypothesen des Versuchsleiters einfließen. Diese Effekte können mittels computergestützter Versuchsdurchführung und einer automatischen Registrierung der Versuchspersonen kompensiert werden. Siehe auch Rosenthal-Effekt und Greenspoon-Effekt.[23]

---

21 Vgl. Oswald Huber, Das psychologische Experiment: Eine Einführung

22 Vgl. P. Neumann (2003), Markt- und Werbepsychologie, Band 1, Grundlagen, 3. Aufl., S. 833

23 Vgl. Robert Rosenthal, Behavioral Science 8 (1963), S. 183–189 und J. Greenspoon, American Journal of Psychology. Nr. 68, 1955, S. 409–416

2.2 Die Vor- und Nachteile psychologischer Experimente im Vergleich mit Feldstudien

Gegenüberstellung der wichtigsten Eigenschaften zwischen Feldexperimenten, Feldstudien, Laborexperimenten und Laborstudien.

Feldexperiment	Feldstudie	Laborexperiment	Laborstudie
Umgebung und Verhalten natürlich	Umgebung und Verhalten natürlich	Räumlichkeiten vorgegeben, natürliches Verhalten der Versuchspersonen eingeschränkt	Räumlichkeiten vorgegeben, natürliches Verhalten der Versuchspersonen eingeschränkt
Manipulation der unabhängigen Variablen	Keine Manipulation der unabhängigen Variablen		
Verschiedene Situationen können hergestellt und verglichen werden	Gezielte Untersuchung eines Sachverhaltes, keine Vergleichsmessungen		Gezielte Untersuchung eines Sachverhaltes, keine Vergleichsmessungen
Störvariablen nur begrenzt kontrollierbar	Störvariablen nur begrenzt kontrollierbar	Weitestgehende Kontrolle der Störvariablen	Weitestgehende Kontrolle der Störvariablen
Hohe externe Validität	Hohe externe Validität	Niedrige externe Validität	Niedrige externe Validität
Niedrige interne Validität	Niedrige interne Validität	Hohe interne Validität	Hohe interne Validität

Eigene Darstellung

Die Vorteile der Datenerhebung mittels Experiment liegen in der Entdeckung kausaler Zusammenhänge und der Möglichkeit, bei Hypothesenprüfungen für die Entscheidungsfindung einen wichtigen Beitrag zu leisten. Darüber hinaus können die Veränderungen der abhängigen Variablen eindeutig auf vorgenommene Änderungen der unabhängigen Variablen zurückgeführt werden.

Es gibt auch Faktoren und Bedingungen, die sich einschränkend auf das psychologische **Experiment** auswirken:

Die landesüblichen gesetzlichen Datenschutzbedingungen.

Landes- und kulturspezifische ethische Aspekte.

Verbote von Vorgehensweisen, die die psychische bzw. körperliche Gesundheit gefährden könnten.

Lockangebote für die Teilnahme, unreale Versuchsbedingungen oder Versuchspersonen, die auf das gleiche Interessengebiet fixiert sind.

Die **Feldstudie** hat Vorteile durch eine erhöhte externe Validität aufgrund des realitätsbezogenen Umfeldes. Die einschränkenden Faktoren sind im Wesentlichen identisch mit dem Experiment

3. Aufgabe A3

Im Unterkapitel 3.1 wird erläutert, wie die sog. kognitive Wende die Perspektive auf psychische Prozesse im Vergleich zum Behaviorismus verändert hat.

Unterkapitel 3.2 befasst sich mit computergestützten, bildgebenden Verfahren und wie sie zur Erforschung psychischer Prozesse beitragen.

3.1 Veränderung der Perspektive auf psychische Prozesse durch die sog. kognitive Wende in den 1960er und 1970er Jahren im Vergleich zum Behaviorismus.

Unter der sog. kognitiven Wende versteht man die Übergangsphase vom behavioristischen zu einem kognitivistischen Denken. Den Begriff cognitive revolution prägte William Norton Dember (1928-2006), der ihn im Titel eines Aufsatzes 1974 verwendete.[24]

24 Vgl. William N. Dember, American Psychologist. Band 29, Nr. 3, 1974, S. 161–168

Die Veränderung der theoretischen Orientierung in der Psychologie durch die sog. kognitive Wende ist mittlerweile wenig umstritten und diese Begrifflich-keit etabliert und weit verbreitet. Uneinigkeit gibt es bezüglich der Datierung, genannt werden die 1950er, 1960er und 1970er Jahre.

Mittlerweile ist die sog. kognitive Wende zum Thema der psychologischen Geschichtsforschung geworden, Gardner (1985). Nach O'Donohue, Ferguson und Naugli (2003), sind gemäß deren Untersuchungen die tatsächlichen Veränderungen in der Psychologie durch die sog. kognitive Wende kein Paradigmenwechsel, sondern eher ein soziokulturelles Phänomen. Als Be-stätigung dieser These kann man anführen, dass es kulturelle Unterschiede in der Entwicklung der psychologischen Wissenschaft gab. Eine Vorherrschaft des Behaviorismus gab es nur in den USA, dagegen in Europa und speziell im deutschen Sprachraum nur kurzzeitig und sehr spät, ohne nennenswerte Anhängerschaft, Graumann (1988).

Die sog. kognitive Wende und die damit veränderte Sichtweise auf die Psychologie ist verbunden mit Kritik am Behaviorismus. Publik wurde die Kritik z. B. durch das Lehrbuch Cognitive Psychology (1967) von Ulric Neisser (1928-2012). Ein Kritikauslöser war auch eine umfangreiche Rezension des Buches Verbal Behavior (1957) von Burrhus Frederic Skinner durch den Sprachpsychologen Noam Chomsky (1959).[25]

Die Kritik, die mit einem perspektivischen Wechsel im Vergleich zum Beha-viorismus verbunden war, konzentrierte sich auf das verengte Men-schenbild des Behaviorismus, seine Fokussierung auf Tierexperimente und die Begrenzung der Reaktion menschlichen Verhaltens auf Stimuli (Kon-ditionierung).

Während der Behaviorismus auf Bewusstseinsinhalte verzichtet und sich auf das objektiv beobachtbare und messbare beschränkt, sowie Introspek-tion (Denken, Kognition, Emotionen, Motivation) vermeidet, verwendet die kognitive Psychologie Funktionsanalysen.

25 Vgl. N. Chomsky, Verbal Behavior, by B. F. Skinner, Language, S. 26-58

Die Bereiche dieser Funktionsanalysen sind Aufmerksamkeit, Lernen, Gedächtnis, Handeln, Denken, Problemlösung, Sprache und Wahrnehmung. Es geht also um Funktionen, deren Informationsverarbeitung als intelligent bezeichnet werden kann und ein zweckgebundenes Handeln, rationales Denken und effizientes Interagieren mit der Umwelt ermöglicht.

Von besonderer Bedeutung ist der Bezug zur Kybernetik und zur künstlichen Intelligenz für die Erforschung psychischer Prozesse, der der sog. kognitiven Wende zugerechnet werden kann. Darauf basiert z. B. eine neue Einsicht der Erzeugung eines Denkprozesses. Man geht davon aus, dass kognitive Prozesse durch Aktivierungen innerhalb eines Netzwerkes erfolgen und Informationen distribuiert gespeichert werden.[26]

3.2 Computergestützte, bildgebende Verfahren in der psychologischen Wissenschaft und wie sie zur Erforschung psychischer Prozesse beitragen

Der Start bildgebender Verfahren war im Dezember 1885, als der Physiker Wilhelm Conrad Röntgen das erste Röntgenbild erstellte. Ein Meilenstein war auch die Entwicklung und Produktion eines Gerätes für die Magnetresonanztomografie (MTR), die die Firma Siemens AG im Februar 1978 begann.

Etwa 1970 etablierte sich der Begriff **bildgebende Verfahren** in der medizinischen Wissenschaft und Literatur aufgrund der Zunahme unterschiedlicher Methoden für die Bilderzeugung, wie z. B. Ultraschall, Magnetresonanztomografie oder Endoskopie.

Insbesondere die Möglichkeit Vorgänge im Gehirn, ohne geöffneten Schädel beobachten zu können, war und ist von großer Bedeutung für die Neurobiologie, Neurophysiologie und schlussendlich auch für die Erforschung psychischer Prozesse.

---

26 Vgl. hogrefe, Dorsch, 19. überarbeitete Auflage, 2020, S. 279, S. 941, S. 953

Gemäß einer Statistik des © Statistisches Bundesamt (Destatis) von 2019 gab es in der bildgebenden Diagnostik (alle Methoden) zwischen 2005 und 2018 einen Anstieg von 5.077.309 auf 13.216.070, in der Computertomografie von 2.972.307 auf 6.296.363 und in der Magnetresonanztomografie von 1.008.944 auf 2.028.008.[27]

Die gebräuchlichsten bildgebenden Verfahren für die Erforschung psychischer Prozesse und in der psychischen Diagnostik sind die **funktionale- und strukturelle Magnetresonanztomografie (fMRT, sMRT)** und die **Positronen-Emissions-Tomografie (PET)**.

Der Vorteil der bildgebenden Verfahren besteht in der Visualisierung der Wechselwirkungen physiologischer Gehirnprozesse und Gehirnregionen im Zusammenhang mit z. B. psychischen Erkrankungen, oder zur Gewinnung von Erkenntnissen in der Verhaltenspsychologie.

Bei psychischen Erkrankungen konnten so weiterführende Erkenntnisse bezüglich Zwangsstörungen, posttraumatischen Stresserkrankungen, Subtanzabhängigkeiten und Demenzen gewonnen werden.[28]

Durch die Möglichkeit mit bildgebenden Verfahren Rezeptorenbesetzungen von Medikamenten im Gehirn darstellen zu können, ist z. B. eine Optimierung der pharmakologischen Substanzkonzentration am Wirkort einer psychoaktiven Substanz möglich.

Das **MRT-Verfahren** arbeitet mit Magnetfeldern und Radiowellen und gilt als bestes Verfahren in der Weichteildiagnostik und speziell bei der Gehirndiagnostik. Beim MRT-Verfahren wird ein Signal von Wasserstoffkernen im Gewebe gemessen. Hierfür wird ein starkes, homogenes Magnetfeld und eine Anregungsenergie von elektromagnetischen Wellen im Radiowellenbereich einige Mikrosekunden eingestrahlt. Bei diesem Vorgang korrespondiert die Ausgangsfrequenz des Wassermoleküls mit einer bestimmten Magnetfeldstärke. Das Bild entsteht durch die Darstellung verschiedener Informationen aus der MRT-Messung als Hell-Dunkel Kontrast.

Vgl. 27 Fallpauschalenbezogene Krankenhausstatistik (DRG-Statistik), Operationen und Prozeduren der vollstationären Patientinnen und Patienten in Krankenhäusern (4-Steller)
© Statistisches Bundesamt (Destatis), 2019, Vervielfältigung und Verbreitung, auch auszugsweise, mit Quellenangabe gestattet.
Vgl. 28 Neuropsychologie psychischer Störungen, Stefan Lautenbacher, Siegfried Gauggel, bildgebende Verfahren bei psychischen Störungen, Kapitel 6, S. 90 ff

fMRT und sMRT haben in der Verhaltenspsychologie eine bedeutende Rolle, wobei die Aktivität im Gehirn auf unterschiedliche Reizeinwirkungen auditiver und emotionaler Art analysiert wird. Konkrete Erkenntnisse wurden bereits in der Verarbeitung sozial relevanter Reize erzielt. Man geht davon aus, dass z. B. depressive Menschen beim Erkennen emotionaler Gesichtsausdrücke Schwierigkeiten haben.

PET beruht auf dem raschen Verfall der radioaktiven Positronen und man bedient sich hierfür schwach radioaktiver, kurzlebiger Isotope, die an bestimmte molekulare Bausteine gekoppelt werden. Nach intravenöser Injektion werden sie im Körper verstoffwechselt, zudem akkumulieren sie unterschiedlich mit dem Gewebe.

PET wird überwiegend in den kognitiven Neurowissenschaften eingesetzt und bietet die Möglichkeit das topografische Ausmaß einer Gehirnerkrankung zu erfassen. Darüber hinaus können aber auch Zustände über die aktuelle Funktion der betroffenen Gehirnregionen analysiert werden, was z. B. bei Erkrankungen wie Demenz oder Chorea Huntington von großer Bedeutung ist.[29]

Vgl. 29 hogrefe, Dorsch, 19. überarbeitete Auflage, 2020, S. 305, 1111, 1374

Literaturverzeichnis

Chalmers,David J., Philosophy of Mind – Classical and Contemporary Readings (Hrsg.) Oxford University Press, Oxford, 2002

Chalmers, David J., The Conscious Mind, Oxford University Press, Oxford, 1996

Churchland, Patricia, Neurophilosophy, Toward a Unified Science of the Mind-Brain, MIT Press, Cambridge MA, 1986

Churchland, Paul, Eliminative Materialism and the Propositional Attitudes, Journal of Philosophy, 1981

Chomsky, N., Verbal Behavior, By B. F. Skinner, Language, 1959

Davidson, Donald, Essays on Actions and Events, Oxford University Press, Oxford, 1980

Dember, William N., Motivation and the cognitive revolution, American Psychologist, Band 29, Nr. 3, 1974

Dorsch, Lexikon der Psychologie, Markus Antonius Wirtz (Hrsg.), hogrefe, Dorsch, 19. überarbeitete Auflage, 2020

Fröhlich, Werner D., Wörterbuch der Psychologie, 8. unveränderte Neuauflage, 2021

Fuchs, Thomas, Sektion phänomenologische Psychopathologie und Psychotherapie, Uni Heidelberg, Philosophische Grundlagen der Psychiatrie und ihre Anwendung, Die Psychiatrie, 4/2010

Greenspoon, J., The reinforcing effect of two spoken sounds on the frequency of two responses, American Journal of Psychology, Nr. 68, 1955

Huber, Oswald, Das psychologische Experiment: Eine Einführung, Das psychologische Experiment, überarb. Aufl., 2019

Hull, C. L., The Goal Gradient Hypothesis and Maze Learning. Psychological Review, 1932 Jackson, Frank Cameron, What Mary didn't know, Journal of Philosophy 1986

Jung, Carl Gustav, Die Dynamik des Unbewußten, Synchronizität als ein Prinzip akausaler Zusammenhänge, Gesammelte Werke. Paperback, Sonderausgabe, Band 8, 1995

Leibniz, Gottfried Wilhelm, Die Philosophischen Schriften Bd. 6, Weidmannsche Buchhandlung, Berlin 1885

Leibniz, Gottfried Wilhelm, Monadologie, Akademie Verlag, Berlin 2009

Mühlfelder M., Prof. Dr., Studienbrief SRH Fernhochschule, Einführung in die Psychologie, Titel Nr. 1253-01, 1. Auflage März 2017

Myers, David G., Psychologie, 3. vollständig überarbeitete und erweiterte Auflage, Berlin und Heidelberg, 2004, 2008, 2014

Neisser, U., Cognitive psychology, New York, Appleton, 1967

Neumann, P., Markt- und Werbepsychologie Band 1, Grundlagen (3. Aufl.), 2003

Rosenthal, Robert, Fode, K. L., The Effect of Experimenter Bias on the Performance of the Albino Rat, Behavioral Science 8, 1963

Scheerer,E., Theorien der Psychologie, Band 6, Die Verhaltensanalyse, 2013

Skinner, Burrhus Frederic, About behaviorism, Knopf, New York 1974

Wundt, Wilhelm, Über Ausfrageexperimente und über die Methoden zur Psychologie des Denkens, Psychologische Studien. Band 3, 1907

Internetquellenverzeichnis

Das Experiment in der Psychologie, Definition, Merkmale, Arten:
https://wpgs.de/fachtexte/forschungsdesigns/experiment-psychologie- definition/

Dorsch, Lexikon der Psychologie:
https://dorsch.hogrefe.com/

Epiphänomen:
https://de.wikipedia.org/wiki/Epiphänomen

Funktionalismus (Philosophie):
https://de.wikipedia.org/wiki/Funktionalismus_(Philosophie)

Greenspoon J.,The reinforcing effect of two spoken sounds on the frequency of two responses:
http://www.garfield.library.upenn.edu/classics1982/A1982NP20300001.pdf

Okkasionalismus:
https://de.wikipedia.org/wiki/Okkasionalismus

Philosophie des Geistes:
https://de.wikipedia.org/wiki/Philosophie_des_Geistes

Philosophische Grundlagen der Psychiatrie und ihre Anwendung:
https://www.klinikum.uni-heidelberg.de/fileadmin/zpm/psychat-rie/fuchs/Philosophie-Psychiatrie.pdf

Statistisches Bundesamt:
https://www.destatis.de/DE/Themen/Gesellschaft-Umwelt/Gesundheit/Kranken-haeuser/Publikationen/Downloads-Krankenhaeuser/operationen-prozeduren-5231401187014.pdf?__blob=publicationFile